DESERETS
LEARNING

Es una iniciativa didáctica que se propone brindar a las familias variados recursos educativos para la formación personal, emocional y social de sus hijos e hijas. Al mismo tiempo quiere contribuir en la construcción de una sociedad más solidaria e inclusiva; respetuosa de la infancia y de los derechos humanos.

Las familias pueden incrementar la inteligencia y autorrealización de los niños y niñas con amor, de forma atractiva, sensible y significativa. Siempre que cuenten con entusiasmo, compromiso y apoyo didáctico adecuado.

Nuestra meta es favorecer el proyecto esencial de sana formación infantil en el hogar.

Deserets learning: una respuesta didáctica para el hogar.

🌐 **www.deseretslearning.com**

📷 **deseretslearning**

Dedicado a Elías Augusto y su familia

Agradecimientos:

Mtra. Beatriz Amaral
Mtra. Marisel Pereira
Prof. Manuel Tomas

DIEGO

CARLOS GARCÍA EGURES

Mi nombre es Diego, tengo diez años y mi abuela dice que nací cantando. No lo recuerdo porque era muy chiquito pero ella siempre me cuenta que desde bebé me gustaba hacer sonidos con la boca y que nunca tuvo que cantarme canciones de cuna porque yo mismo lo hacía hasta dormirme. Suena gracioso, no sé si será verdad porque a los abuelos les encanta inventarnos historias lindas. Mis abuelos Cristina y Roberto son muy cariñosos conmigo y me dejan cantar todo el tiempo.

Al despertarme comienzo a cantar. Canto al desayunar, mientras me ducho y también cuando me lavo los dientes.

Canto de camino a la escuela, cuando estoy en clases –siempre que la maestra me deja–, en el recreo y mientras regreso a casa.

Canto durante el almuerzo, en la plaza, en la cena y justo antes de irme a dormir. Cantar es lo que más me gusta hacer en el universo.

8

¿Y qué canto? Bueno, canto sobre todo lo que me viene a la cabeza, a veces canciones que escucho y otras que invento. Canto cuando estoy muy contento pero también cuando me siento triste porque para mí cantar es la mejor manera de expresar lo que pasa por mi mente. Pero no había notado que a mis canciones les faltaba algo hasta que conocí a Josefina.

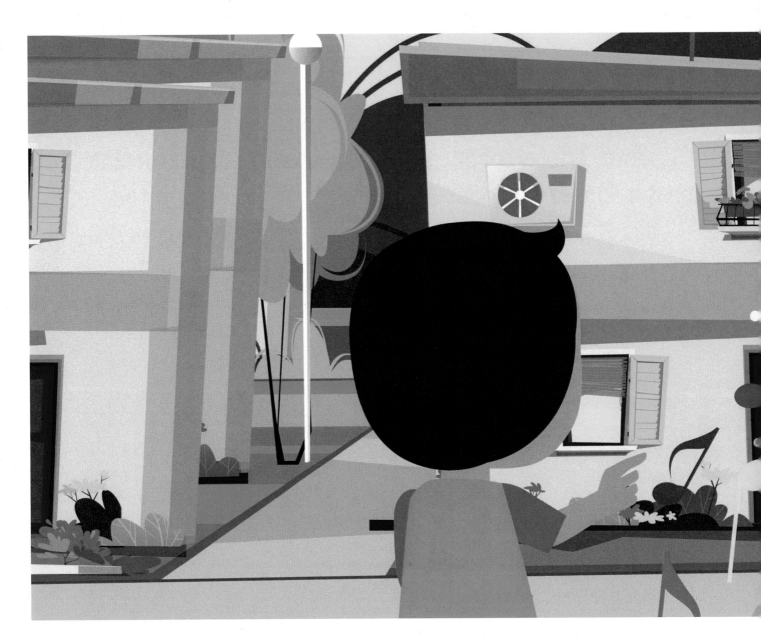

Un sábado en la tarde mientras jugaba con mi perro Pulga en el patio de nuestra casa, escuché un sonido que me llamó la atención: era una melodía conocida pero que sonaba diferente. Pulga también la escuchó, pero no sé si le gustó tanto porque enseguida comenzó a ladrar.

Alguien estaba tocando un instrumento. Traté de callar a Pulga que no dejaba de ladrar y le di su pelota favorita para mordisquear. Luego abrí el portón y salí a perseguir el sonido. Encontré la vivienda desde donde venía, tres casas más allá de la mía. Ese lugar había estado vacío por mucho tiempo pero ahora parecía habitado.

Como la casa no tenía muro me acerqué lo más que pude a la ventana desde donde se escuchaba la música. Reconocí la melodía: era "El Gallo Azul", la favorita del abuelo Roberto. Pero no sonaba como una guitarra, era otro instrumento que yo no conocía. Me dieron muchas ganas de cantar pero me tapé la boca, tenía miedo que me descubrieran porque estaba dentro de un patio ajeno.

El abuelo siempre decía que uno no debe entrar en una casa sin permiso. Me quedé entonces un buen rato sentado en el piso bajo la ventana escuchándola hasta que sin darme cuenta me puse a tararear la canción.

Enseguida la música se detuvo y alguien preguntó: –¿Quién anda ahí?– Quedé paralizado sin atreverme a contestar. Una puerta se abrió y salió una señora. –Disculpe...– le dije con miedo – Solo estaba escuchando... –Escucharías mejor adentro.– me respondió con alegre voz. –Mi nombre es Susana y quien está tocando es mi hija Josefina. ¿Y tú cómo te llamas? ¿De dónde vienes?–
–Me llamo Diego y soy su vecino. Vivo con mis abuelos en la vivienda H 302, tres más allá por el pasaje– mientras le señalaba el lugar. –Pasa Diego. Eres bienvenido.–

13

Acepté entrar, con mucha vergüenza, porque tenía curiosidad de saber cuál era el instrumento musical. Susana señaló el acordeón a piano, mientras Josefina lo sujetaba con sus manos sobre las rodillas. Era una muchacha alta de pelo negro con muchos rulos que no quiso que le diera un beso cuando me acerqué a saludarla. Su madre me explicó que Josefina tenía un don especial para la música y que desde muy pequeña había aprendido a tocar el acordeón de oído con su papá.

También me dijo que Josefina tenía autismo, no le gustaba que la tocaran, le costaba un poco hacer nuevos amigos y comunicarse con otras personas. Pero podía sentarme cerca de ella para verla y escuchar el acordeón. –¿Puedo cantar también? Porque esa canción yo me la sé y me gusta mucho.– le pregunté. Susana me explicó que podía intentarlo pero que debía ser paciente hasta que Josefina se sintiera cómoda conmigo.

Desde ese día pasé varias tardes yendo a su casa para oírla tocar. Mientras aprendí de chamamés, polkas, tangos y otros ritmos que yo no conocía. En verdad Josefina era muy buena con el acordeón. Al finalizar cada canción yo la aplaudía, la primera vez puso una cara rara pero después le gustó y si me olvidaba de hacerlo ella golpeaba el piso con el pie para recordármelo.

Con el tiempo comencé a cantar acompañando sus melodías y aunque Josefina no hablaba mucho me pareció que se ponía contenta cada vez que me escuchaba. En realidad ella se comunicaba mejor con el acordeón que con las palabras y parecía que nos entendíamos bien a través de la música. Su mamá estaba contenta de que nos hubiéramos hecho amigos y siempre me esperaba con algo rico para comer: una torta de chocolate, galletitas, helado o ensalada de frutas.

Un día se me ocurrió cantarle una canción que yo inventé para mi abuela. Luego de escucharme un rato Josefina comenzó a tocar y así nació la música para esa canción. Estaba tan contento que le pedí a mis abuelos que vinieran a escucharnos.

Comencé a contarles a mis amigos del barrio sobre Josefina y por qué pasaba todas las tardes con ella. Algunos se interesaron en conocerla y con la ayuda de Susana y mis abuelos preparamos un pequeño concierto en el patio de mi casa. Al principio Josefina no se sentía cómoda y se negaba a tocar, pero después de que yo empecé a cantar me acompañó. Susana se emocionó. Todos estábamos muy contentos y hasta Pulga saltaba de alegría.

Así comenzamos a tocar y cantar en casa de otros amigos y vecinos. Cuando la comisión del barrio se enteró, nos prestó el salón comunal para ensayar todas las semanas y nos pidió que participáramos de la fiesta de cumpleaños del barrio. Era una fecha muy especial para todos donde celebrábamos el aniversario de nuestra cooperativa de viviendas "El Sausalito".

Cuando llegó el día estábamos todos muy nerviosos, en especial Susana que se veía algo preocupada. El presidente de la comisión de vecinos nos presentó y me pidió que hablara unas palabras antes de comenzar. Yo les conté a todos sobre lo maravillosa que era Josefina y que se comunicaba a través de su acordeón. Luego les dije que debían respetar su espacio personal y que no intentaran saludarla porque era algo que no le gustaba. Después comencé a cantar y Josefina a tocar.

Todos nos aplaudieron y algunos vecinos se pusieron a bailar. Mis abuelos fueron los primeros. Terminamos cantando "el Gallo Azul" que pasó a ser nuestra canción más conocida.

Al terminar Susana estaba muy emocionada, me abrazó fuerte y me dijo que yo era una bendición en la vida de Josefina. En realidad no entendí mucho qué fue lo que me quiso decir, pero sentí que eso era bueno. Para mí Josefina es muy especial no solo porque juntos formamos el grupo musical del barrio, sino porque nos une el amor por la música.

Te invito a pensar:

- ¿Qué le gustaba hacer a Diego?
- ¿Cuál era el talento de Josefina?
- ¿Cómo se ayudaron el uno al otro?
- ¿Has tenido algún amigo que te haya ayudado a alcanzar un sueño o superar un desafío?
- ¿Conoces a alguna persona con Trastorno del Espectro Autista (TEA)? ¿Has intentado comunicarte con ella respetando sus tiempos, espacios e intereses?

A veces puede ser un desafío querer comunicarse con una persona con TEA, pero si eres paciente y sensible a su modo de relacionarse descubrirás que son personas con mucho potencial y talento. Algunos de ellos se destacan en las artes, los deportes, las ciencias e incluso en matemáticas.

¿Cómo se me ocurrió este cuento?

Desde niño me ha gustado mucho la música y aunque no nací cantando como Diego, siempre encuentro en alguna canción o melodía una manera de expresar mejor lo que siento. No canto ni toco ningún instrumento musical pero siento gran admiración por aquellos que pueden hacerlo. Especialmente por quienes se comunican por medio de la música aunque la sociedad no siempre pueda entenderlos. Entre ellos hay muchos ejemplos de personas con autismo o TEA que logran hacerme emocionar con su música a través de las redes sociales o canales de internet. Los considero unos genios musicales. Sin embargo existen otros chicos con TEA que no poseen ese talento, pero que desarrollan otras habilidades que merecen nuestro aprecio y reconocimiento. En honor a todos ellos y a sus familias decidí escribir este cuento.

Siempre fui un niño inquieto e imaginati-
vo. Leer, escuchar, escribir, contar e
inventar historias ha sido uno de mis
pasatiempos favoritos. De grande decidí
ser maestro y he trabajado con niños y
adultos de todas las edades donde
aprendí mucho más sobre el arte de
narrar.

Actualmente soy asesor educativo y
escritor. Con mis cuentos trato de cons-
truir un mundo más sensible y solidario.
Puede que sus personajes te resulten
familiares. Esto es porque se basan en
personas reales que me han enseñado
grandes lecciones. Todos tenemos algo
para contar e intento ser el medio para
que eso ocurra.

Espero que te gusten mis cuentos y si lo deseas puedes comunicarte conmigo a **garciaegures@gmail.com** para darme tu opinión y
compartir alguna historia. ¡De pronto hacemos un cuento juntos!

Carlos, el escritor

¡Hola! Soy Irene Dall'Ora, la ilustradora de estos cuentos. Diseñar es lo que más me gusta hacer. Desde muy pequeña me encanta observar todo lo que me rodea: personas, animales, paisajes y situaciones. Gracias al arte gráfico consigo expresar eso que observo junto a mis propios pensamientos y emociones al respecto.

El diseño se ha convertido también en mi trabajo. Más que una ocupación es una pasión que me permite comunicar visualmente todas aquellas historias o mensajes que hablan al corazón, generando una influencia positiva en la sociedad y las personas.

Ha sido un placer trabajar con este proyecto educativo de "Cuentos Inclusivos" al que le deseo mucho éxito por los valores que expresa.

Irene, la ilustradora

Made in United States
Orlando, FL
06 March 2022

15478737R00018